Corazones bajo las pestañas

Patricia Serra

LA PEREZA EDICIONES

Corazones bajo las pestañas

First Edition

© Patricia Serra, 2013

Publisher: Greity González Rivera

Editor: Ernesto Pérez Castillo

Cover Illustration:"Love in the garden"

©Reynier Llanes

Manufactured in United States of America

ISBN-13: 978-0615803173 (La Pereza Ediciones)

ISBN-10: 0615803172

For information, write to:

La Pereza Ediciones

11669 sw 153 Pl

Miami, Fl, 33196

www.laperezaediciones.com

Agradecimientos

Gracias a mi madre, la primera en escuchar mis versos. Por ser ella la más genuina expresión de la dulzura.

Gracias a mi abuela Panchita por sus historias y las de sus antepasados. Por estar siempre cerca.

A mi Padre que amo.

A Tin, mi hermano del alma.

Gracias a Lorenzo Suárez Crespo, que a mis ocho años me presentó a las musas, y llevó mis versos a cuanto concurso literario existía. Mi maestro.

A Edel, Frank, Aramís, Osmara, Lázaro, Ilinanita, Tania, por confiar en mis versos.

Gracias, Dania Ferro, por las puertas y los puentes.

A Reynier Llanes por la portada divina, por la amistad.

Gracias a Yule, el amor de mi vida y de mis días. Por su apoyo, por esa fuerza de luz que lo sublima todo.

A Eduardo Heras León, amigo y maestro, por bautizar mi libro con este prólogo hermoso.

A la Poesía en todas sus formas y estados, por alimentar mis veintiún gramos.

Patricia Serra: una nueva voz lírica

Un primer libro es siempre una apuesta al futuro: una joven sensible, a lo largo de sus pocos años va acumulando vivencias, emociones, angustias, soledades y nostalgias, momentos de amor y de alegría, y esos sentimientos a veces complejos y contradictorios, otras veces de dudosa certidumbre, que, a pesar de todo, siempre enriquecen nuestra vida espiritual, no sabemos por qué extraño mecanismo se van transformando en palabras, en voces que nos hablan, en imágenes que exigen su sitio bajo el sol de nuestra imaginación; en una palabra, se convierten en Poesía.

Y he aquí que en ese estado del espíritu nuestra joven siente la urgente necesidad –bien lo saben los que alguna vez la sintieron– de volcar ante el misterio de la página en blanco ese caudal de vivencias. Unas veces controladas por la razón; otras, la mayor parte, dejando correr la imaginación. O más bien dejándose ganar por la materia de los sueños o "de esa sustancia conocida con que amasamos una estrella", de que hablara Nicolás Guillén. Y así surge, prístino e individual, el Poema.

Cada día una flor, un niño, una paloma; unas manos, una calle, una ciudad; o simplemente el Amor y la Poesía hacen surgir una palabra nueva, una imagen oculta bajo los pliegues de la sensibilidad, la novedosa visión de una nostalgia. La íntima emoción de la amistad y el Amor, vienen a engrosar cada poema y así –ah, milagro de la creación– va surgiendo, casi sin darse cuenta –compendio de emociones, muchas veces inadvertidas– el primer libro.

La joven Patricia Serra ha escrito su primer libro, *Corazones bajo las pestañas* y con él va a entablar su apuesta al futuro. Ella, *"inquieta/ abandonada/ rara/ difusa/ expectante/ húmeda/ sola/ lúgubre/ lacerada"/*, comienza su singular periplo por los ámbitos de la Poesía, donde: *"Siguen las manos ensartando palabras/ hipnosis de un cementerio que respira/ No atino respuestas/ heladas por la sangre/ mis uñas pulsan las tapas, bajo/ una metamorfosis de lágrimas/ La garganta a punto de escapar/ sus voces en la espalda/ aunando amigos que me enseñen/ la disciplina del silencio"/*.

Casi todo el libro está signado por la nostalgia: por la tierna ciudad de su infancia, colmada de mensajes y hermosos pájaros (¿mensajeros de la poesía y la nostalgia?):

8

"*Atesoraré palomas/ que se posen en mi espalda/ les tatuaré los mensajes de las cuevas/ que me habitan (…) y le pido a la ciudad que me abra sus puertas/ más allá del mar/*". No es una nostalgia desgarrada, sino expresada como en sordina, como un susurro deslizado a nuestros oídos, como si la voz lírica, cubierta con un velo, no quisiera descubrir la íntima raíz de un dolor que la tierra lejana concita: "*Yo le dije a La Habana que me esperara/ me diera un indicio/ Ella se fue de una forma urbana/ que no entendí/ sólo escuché un rumor que esparcían/ sus calles (...) Seguí mojando los pies en la calle Línea/ viendo los papalotes en colores/ Sentándome en el Malecón de cara a las olas/ para descubrir el secreto/ La Habana se sienta conmigo/ El sol le pinta una belleza rara en los veranos*"/.

Esta joven que caminó las calles que la vieron crecer, que cada día "*pactaría oficio con la intemperie*", que tiene "*tanta sed de la dulzura*", observa desde el fondo de su corazón a los niños del mundo en crisis, donde cada día desaparecen el amor y la ternura, y se pregunta: "*¿Dónde sembraron sus sueños los niños de las calles/ En las tierras áridas/ en los campos minados/ en los hilos de asfalto que borran el verde?/¿En qué luna se guardan tantos ojos llenos/ si el destierro los desgarró del vientre?/¿Quién les explicará la culpa o la casualidad?*/ Y ahora, sin cambiar ese tono tan personal y entrañable del sujeto lírico, nos regala una hermosa metáfora que retrata mejor que mil palabras a estos niños que son como proyectos inconclusos de seres humanos: *"Son mariposas rotas/ esperando golpes de primavera/ alguna vez"/*.

Los poemas de esta *ópera prima* de Patricia se despliegan en el campo de batalla de los recuerdos, "del Amor y otros demonios", a veces bajo la advocación explícita de Dulce María Loynaz, Gabriel Garcia Márquez, Oliverio Girondo, Nara Mansur y Fernando Valverde, siempre transparentes, en voz baja, como susurrándonos al oído *"cada gota de sudor y amor agazapado/ Las mariposas blancas, nocturnos/ que creía extintas desde mi niñez/ los besos promiscuos entre sombras y lunas/ Me encanta que me digas bella en ese idioma extranjero/ y que mi cuerpo te responda en la distancia/ como un velero al viento"*. Y cuando la pasión, como en un rapto parece apoderarse del poema: *"Una aurora de orgasmos en los dientes/ tu pene, mis nalgas, los senos, el pelo, las pecas/ los besos/hacer el amor (…)/*, el sujeto lírico difumina la impetuosidad del sexo y asume el amor como nostalgia, como un hito en la memoria: *"(…) y recordar la última vez que te vi / Como se van los novios en los taxis/ los novios en la acera/Con la garganta en la mano y una sonrisa/ Romper los bolsillos de tanto hacer/ o sembrar flores de balcón que sepan amar"*.

Patricia Serra, con la impaciencia (y el talento) de una nueva y destacada voz lírica, recorre un notable diapasón de temas y los asume desde una sensibilidad y un oficio impropio de una poeta que se inaugura con este libro, que puede ser el inicio de una obra que deje su huella en la más joven poesía cubana. Ya dije que un primer libro es siempre una apuesta al futuro. Y luego de su lectura, los lectores estarán de acuerdo conmigo en que esta vez *Corazones bajo las pestañas* ganará esa apuesta.

Eduardo Heras León

Abril de 2013

Corazones bajo las pestañas

I

Diminuta inconciencia
agazapada en la almohada,
nostalgia de pies.
Me olvide de anatomías
y te estrujé la espalda,
la piel desterrada,
y con el frío de huesos que arden
abrí la boca, te volví a oler.

II

Con los pies voy a tus labios,
pequeños espacios que no mecen alas,
esclavas de líneas rasgadas
de los poros que no he logrado contar.
De las células muertas que yo sembraría,
de las noches que paso hilando caricias
del segundo suicida que corrompe mis manos,
la mueca de lunes que presuponen mis senos.

Naturaleza

Si estas calles pidieran deseos:
Serían Árboles.

Y desaparezco

…yo jugaba tanto a ser esa mujer,

que casi era mi doble naturaleza.

David H. Lawrence

"El amante de lady Chatterley"

A veces soy un fantasma
en la mirada de otros.
Ojalá pudriera traspasar paredes y
escapar…
Estoy harta de las dos caras.

Evocar lo inmaterial

Estoy literalmente al borde de la tierra
dejo caer una moneda
en el espacio que imagino.
Y la consuetudinaria Fe
la sitúa a los pies de Dios.

Cómo me gustaría beber el Amazonas

¡Cómo me gustaría beber el Amazonas!

Transpirar en verde,

posaría todas las aves en mis ojos

nubes que hablen con sus alas,

abismos para descender,

los párpados: la noche.

Hormigas, estiércol, tierra

semillas de árboles.

Colgaría columpios entre las selvas de mi boca.

Peces en el vientre, troncos amortiguando los
pasos.

Para beber el Amazonas

traicionaría algunas calles

vendería mis ciudades, si las tengo.

Pactaría oficios con la intemperie.

Itinerario

Estoy jugando con los pies de la montaña.

-   El mar.

Mi hazaña es el estruendo de la luz.

-   El sol.

Todo el ruido se asfixia en el silencio, anticipo la llegada.

-   El tren.

Sudas en pétalos, soplo mis temores y se estrellan en tus labios.

-   El duendo.

Tengo tanta sed de la dulzura.

-   La ola.

Te vi desde la semilla, solo que me ha costado algunas vidas llegar.

-   El alma.

Comienzo con un suspiro herido de genialidad y termino con tus manos y tu voz.

-   La poesía.

Patricia

Atesoraré palomas

que se posen en mi espalda,

les tatuaré los mensajes de las cuevas

que me habitan.

Y para compensarlas

en las tardes las acompaño a volar.

Los días alternos ando de cabeza

para equilibrar la sangre.

Y le pido a la ciudad que me abra sus puertas

más allá del mar.

Secreto en Miramar

Caminando por una calle de Miramar

he visto un niño sentado en una silla de ruedas,

solo, la tarde lo acompañaba en el jardín.

Sus piernas flácidas, entrelazadas

extirpadas del camino,

una mirada títere de las miradas

acompañaban el hilo de saliva que mojaba al
viento

y el anacronismo de una gorra militar en su
cabeza.

Me dio un adiós, inesperado…

Y su brazo se extendió como raíz de ceiba
hasta mi cara.

Tuve ganas de llorar,

puje el llanto,

escupí el llanto

no lloré.

Me fui con la tarde y una alegría rara

de no haber sentido lástima

si no amor y verso.

Repite conmigo

Hacer el amor.

Crear al amor.

Nacer, inventar,

fundar, practicar el amor.

Una colonia de hormigas

te recorre el cuerpo con un cosquilleo

que amanece un sol en el estómago.

Hacer el amor imprescriptible,

infinito, agridulce, malcriado.

En un segundo existen millones de personas

haciendo el amor:

En chino, por dinero, con alfileres,

en las ventanas, como desayuno,

con plumones de colores,

comprando chocolates en la Plaza Española.

Hacer el amor es la saliva

una aurora de orgasmos en los dientes,

tu pene, mis nalgas, los senos, el pelo, las pecas,

los besos.

Hacer el amor y recordar

la última vez que te vi…

cómo se van los novios en los taxis

las novias en la acera

con la garganta en la mano y una sonrisa.

Romper los bolsillos de tanto Hacer

o sembrar flores de balcón que sepan Amar.

Habana

Yo le dije a la Habana que me esperara,
me diera un indicio.
Ella se fue de una forma urbana
que no entendí.
Sólo escuche un rumor que esparcían sus
calles:
-La prisa me estrella todos
los días contra el mar –
Seguí mojando los pies en la calle Línea
viendo los papalotes en colores
teniendo los maltrechos.
Sentándome en el Malecón de cara a las olas,
para descubrir el secreto:
La Habana se sienta conmigo.
El sol le pinta una belleza rara en los veranos,
a veces desprende tanto hasta quedarse vacía.
yo pensé que la Habana amanecía tras una
puerta

ahora sé, ella va tras una.

Otra vez beso los tonos verdes,

adjunto sus influjos y voces a mis
sudoraciones.

Y abro los brazos como el Morro

acechando la lluvia pletórica de ciudad.

Un vertical que mira Horizontales

Guío las manos sobre las tumbas:
aves de mar rápidas a intervalos,
sensitivas.
Todos me hablan.
Tanta historia anudada en los huesos,
decisiones inconclusas,
pubis que no mimaron orgasmos,
testamentos sin revocar,
planes para un futuro pretérito,
besos apagados.
Mis ojos incrédulos
Juegan con árboles, calles, flores secas,
lápidas ordinarias,
exteriores que los enmarcan, contabilizan.
Les justifico el miedo
son los muros limitando
sus puntos de vista.

Siguen las manos ensartando palabras,

hipnosis de un cementerio que respira.

No atino respuestas

hiladas por la sangre.

Mis uñas pulsan las tapas, bajo,

una metamorfosis de lágrimas.

La garganta a punto de escapar.

Sus voces en la espalda

aunando amigos que me enseñen

la disciplina del silencio.

Miércoles

Llevo una semana pensando
si haré lo correcto,
si tu verso fue toda el agua que quería.
¿Le soy fiel a las ganas llenas de tus canas,
 a la razón que me impacta
contra los muros y las uñas?
No lo sé,
pero iré hasta tu puerta este miércoles
siendo fiel a mis sueños que te hallaron antes.

Poema para ser leído en el césped

A la tanqueta de la plaza Ignacio Agramonte de
la Colina Universitaria de La Habana,
y a todos los que la
conocimos.

Lo trajeron de muy lejos para sembrarlo en la
Plaza

tiene los brazos rotos

su piel hecha pedazos.

Fueron tantas las heridas

a veces lo remendamos con papeles blancos.

Un día te vi a sus pies,

fotografiándote,

con una cara de sonrisas cortadas

y un brazo extranjero en tu hombro.

Yo estaba allí

con la cabeza en el hierro, agazapada.

Nosotros,

los vivos, los muertos, los héroes,

los estudiantes, los sonadores.

Tuviste suerte

Junto al rayo del flash

un pájaro se posó en el cañón

y lo llevaste a casa.

Ellos nunca vieron plumas

antes expulsaban balas.

Por eso le esculpí un poema

y las palabras se sentaron en sus ojos,

ciegos ya. De tanto fuego.

-Porqué alejaste los pasos?

Hubiera sido importante que conocieras a
Esteban.

No rías, tiene nombre,

el mismo con que bautizó

García Márquez al ahogado más hermoso del
mundo.

Mi premio de paz a tantas guerras.

Y yo le hablo…

Eres el as de corazones sacado del pecho,

tienes la omnisciencia,

estoy aquí para asuntos de amor.

Y lo escucho reír, mientras

se acomoda en el viento

para contarme una historia herrumbrosa.

Estaba sentada a la sombra del tanque mirando

los cabellos al Alma Máter,

tomando un segundo para no olvidad tu

descuido aunando fuerzas por la solidaridad.

Cuando soy un péndulo

Horizontales / verticales:

El viento seca sus manos
las tardes que mi cuerpo
se apaña junto al molino.
Su novia, la mariposa gris,
le sopla los hierros y él
la besa dejando caer
resquicios de amor sobre
mis senos cuando los espió.
Soborno al día, me da un despiste
y atrapo el campo en una madeja de hilo
para irnos de la mano a conocer el océano.

Izquierdos (a) / derechos (a)

Acomodo las piernas
a un metro del camino,

orino en el abismo de un segundo

y destilo sueños que pesan.

Una puerta espaciada entre tus dientes

se insinúa a mis oscilaciones

y el tiempo se asoma a los labios

con esa cara de sonrisa humana

 que adormece el apuro de los años.

1, 2, 3,4… otra vez

Un lago me pidió una sita

y yo bajo desde la montaña

con algunas bocas prestadas

dispuestas a saciar mí sed.

Ascendientes / descendientes

Lirismos, lirios, multitudes

tatuar ambigüedades en la piel.

Anti- poema de las manos

Si después de muchos años

regresará a la Habana

y te encontrara en una de esas calles del
Vedado

que olían a poesía y árboles sin estaciones.

No tendría reparo de invitarte a tomar "algo"

una cerveza o un café.

Entonces tú,

otra vez mirándome a los ojos

como quien mira las aguas de los pozos
infinitos

ambicionando los reflejos.

Aceptarías.

Nunca entendí a mis amigas

cuando proclamaban de dioses

las manos de algún hombre.

Para mí no eran otra cosa que

dedos, piel, uñas,

listas para tocar flores o inmundicias de este
mundo.

Lejos de buscar cualquier resquicio

que hiciera trizas mi teoría "le mens"

fui los sábados alternos

a tus clases de Historia de la Poesía.

En aquellos tiempos yo era

una explosión de versos

y estaba ahí más que nada porque

amaba encarecidamente todo lo que

Dulce María Loynaz representaba.

Algo así como un espectro contra su desidia.

Entre al aula y

tome el primer asiento cerca de la puerta.

Escudriñe el salón y las personas

con ese talento de luciérnaga

que tanto me enorgullece.

Ofrendaste tu voz

a los millones de poros que te escuchábamos

entonces el lugar fue

un istmo prestado a medio día.

No presagié que mi tesis "les mens"

eran, ya, parte del muro de Berlín.

Fue tan sencillo…

Es lo que puedo decir

a este estar ensimismado.

Tus manos eras tú,

o estaban sin ti,

meteoritos,

mariposas suicidadas de belleza,

cada dedo del medio

coronado con un anillo de carey,

que dedos tan deliciosos,

concientes de su altruismo, Consientes que yo
deliraba

que humedecían hasta mis desiertos soterrados.

Manos para embalsamar príncipes egipcios,

para indagar en mi pelo

la historia mal contada de cristo.

Entendí que unas manos así

pueden dar sed y frío y locura

y resultar más complicadas que describir la
poesía.

Si aún fumaras cigarrillos

y yo te brindara uno, para acompañar un café

después de una conversación trivial

y tu siguieras hablándole a mis ojos, a gritos.

Pidiendo un indicio

de este estar Descubierto,

yo diría a la distancia de un beso:

-Son tus manos.

Inventario

Han pasado once meses
desde que dejaste mi isla.
Fue tu peso incidental
para esta tierra acostumbrada, ya,
a tanta inconstancia.

Noé habla

He traído hasta tu puerta mi arca,
descepada a la raíz del tiempo,
pasaron siglos sin hallarte…
Faltaba tu estirpe.

Estado

Inquieta

Abandonada

Rara

Difusa

Expectante

Húmeda

Sola

Lúgubre

Lacerada

Estoy

Se prohíben sustantivos.

¿Dónde me cuelgo el amor?

Canvas para una costa olvidada

Cementerio de troncos marinos

dueños de las orillas húmedas,

de los pies vírgenes,

del viento maldito que no los besa.

Metáfora inexistente que no hace más que existir.

Puntiaguda sensación de arañar lunas.

Atrapar soles opacos con demasiada luz.

Veo como siembran las palabras

y las tejen con redes de mi sangre

los pescadores que ya no están.

Un tono de algas les viste la multitud de brazos.

Intento venderles un grafiti

los pantalones rotos que deje en la arena,

las uñas bajas que no miran atrás,

los barcos anclados que acompañan la soledad

de no volver a desanclar.

Un jueves por calle C en el Vedado

Hoy decidí,

escalar la calle de los árboles,

los mismos que tantas veces

me regalo tu balcón.

Buscaba algo.

Lo triste,

yo también estaba perdida.

Nieta de la dulzura

A Dulce María Loynaz

Atrapada estoy
en estos ojos aguacero,
en esta sed de su voz,
filtrada, ahora, entre las tumbas.
Hoy es uno de esos días casual
que la puedo ver en un video de archivo
proyectado en la televisión,
tal vez una de las últimas entrevistas que dio.
Es el tiempo un polvo cruel, Dulce María,
Y cruel me resulta siempre ese poema
de Sigfredo Ariel: "Dulce Loynaz"
"… te acuerdas que la vimos sola
como una abuela en aquel absurdo corredor
flanqueado de estatuas sin cabeza
ante un árido jardín que no cuidaba nadie…"

Siempre han sido esas palabras

la descripción más real

de su silenciosa vejez.

Si en alguna de las tardes del Vedado

Deseó una nieta que la acompañara…

Aquí me tiene Dulce María

Sentada a su regazo en cada verso que leo.

¿… ?

A García Márquez por "Cien años de soledad",
Por volar todo lo que toca.

A veces creo tener el poderío

de Pilar Ternera

y deslumbrar en las cartas el futuro.

Me rebelo en el baño,

 en el corredor de helechos y begonias,

entre el patio de oréganos y rosas,

en la lluvia de los años

afilando nuestras vidas para un solo corte.

No sabes cuantas veces acomodo en mi mente

las tardes del próximo verano.

Me resisto a irme volando…

las sábanas de lino no me aguardan este
martes.

Con solo nombrarte la poesía crece en mí

Como madre selva.

Tomaré los pescaditos de oro

que Aureliano me dejo en un beso.

Seré Gretel sin Hansen para que mi señal no
perezca.

Más de un año o cien sin verte.

Ya no importa cuánto tiempo.

Mi necesidad de ti no es material

Lleva un cuerpo de sed y una sonrisa.

Remendando las alas

¿Dónde sembraron sus sueños los niños de las calles?

En las tierras áridas,

en los campos minados,

en los hilos de asfalto que borran el verde.

En que luna se guardan tantos ojos llenos,

si el destierro los desgarró del vientre.

¿Quién les explicará la culpa o la casualidad?

Son mariposas rotas

esperando golpes de primavera,

alguna vez.

Menos nueces más amor

A una cursi película
que tuvo la osadía de hacerme llorar.

Le crecieron las raíces al olvido

me desquició el verde de tus ojos esperando,

de ternuras mustias se ha poblado " ma
chambre"

y la receta de Amor prescribe colgada en el
armario.

A veces me precipito al dorso que me
corresponde.

Busco la que no voy a querer cuando lo tenga.

Construyo la improvisación y el aire del sur

Me dice algo

- El mundo respira.

Y me crezco en oficios para buscar miradas

Borro la no compañía…

Pongo un grafiti.

Cambio nueces por amor.

Oponibilidad

Alguien colgó sus manos en la pared

cada noche antes de dormir

se negaban a reposar.

Los dedos serpenteaban el cuerpo

emancipando los orgasmos,

las uñas crucificaban los poros.

¿Qué pasa con la mente cuando niega

el aire a la nariz, el sol a las pestañas,

 el humo al tren.

No sé porque alguien

no quiso más sus manos en el cuerpo.

Será que la extrañeza de divierte con
respuestas.

Pobre cuerpo, lástima de alguien

esta vez y para siempre

fueron las manos quienes se colgaron en la
pared.

En automóvil al otro sitio

Platónicos los trazos cuando las miradas
afloren en busca de relieves.
Insinuante la claridad
de las lágrimas abandonadas en el subsuelo.
Es la media cara
la media costilla
la mitad del alma
lo que nos obliga a mirar atrás,
es la media vida que se queda,
En la sombra de una moneda
en la hormiga muerta,
en el aliento del espejo,
en el pan que me extraña,
en el dinero que no huele a nada,
en la mezquindad del viento.
Es la fragilidad lo que se pudre
es lo que nos espanta.

En algún desierto esconderé las alas,
dejaré el llanto anudado en el pasado.
Y me llevaré el sol cuando me valla
seguiré bebiendo luz donde quiera que esté.

El lugar de los ladrillos
(Historia de un suicidio)

A la niña Amalia por la musa casual

Las paredes también la vieron,
perpetuaron su historia
para deshacerla al oído
de cualquier bestia mansa
o ángeles que disimulan egoísmos
tras la sombra de su almohada.
Desgarró cuerpo,
espíritu, manos, esperanza, ganas.
Su hechizo disimuló los tonos
precipitando a las estrellas,
tuvo dolor de adjetivo
desterró los ojos abiertos.
Con las uñas sonoras rasgó los muros
y agradeció vivir en una tumba blanda.

Se hace polvo

Vivo en un dinosaurio verde,

tengo un jardín y un árbol de manzanas,

hay diecinueve escalones para subir al cuarto.

Mi casa camina, no respira,

sus pasos son verdes

y otros días solo duerme.

Yo la miro feliz, enamorada.

Tengo una vela verde de mi abuela viva.

Algún día voy a llorar por las cosas muertas.

La casa se hace polvo y los pies le duelen

será recuerdo yo viviré y la casa conmigo.

París

Me duelen las cinco letras que no he visto.

Te asió hincado en mi pie izquierdo y

tus pasos me recuerdan tu color cuando los
beso.

No te regalo miradas

pero sí la poesía que pronta se asoma.

No quiero escribir de tu lustre, ni del Louvre,
ni del Sena.

Te veo la pestaña escondida bajo el pelo,
deseo.

Añoro la cuarta torre que no te dieron,

pienso en cigüeñas y chimeneas,

me fundo en adoquines de morbo por ti, dans
la place.

Y necia se despierta mi ambición.

Quiero topar un alfiler del siglo XVIII

y ceñirlo a mi almohada.

Pensar en melodías de tabernas

para dormir nanas.

Robarle un manuscrito a Víctor Hugo, escalar
Notre Dame.

Hacerle las trenzas a María Antonieta y
llevarme la guillotina a casa.

París, hoy los pies no se alzan

pero una tarde pondré el siete en la Rue de
Saint Colienne.

Amor prestado

La Habana Vieja,

te ofrendo

en una tarde de invierno aplazada.

Y tú,

me inundas a intervalos de poesía.

Un libro,

mi sonrisa,

las manos,

Pablo Armando Fernández,

tus ojos,

… otro libro.

¿Te regaló un fantasma adoquinado para mí?

Te encuentro bajo los edificios

como ratas citadinas.

Mis beso.

Borges,

…un libro,

¿Le robaste a la fuente de Murel?

Otro libro

lo posas en los labios

y recoges mis gracias de hallarte.

Como hemos inventado

Tú, por llevar toda la poesía en la mochila,

yo, por regalarte las calles

cuando ansío te quedes siempre dentro.

Comprando la distancia

Voy errando la garganta,
busco la tierra
que me apruebe raíces.
Y tú,
vas trepando los ojos
esperando que el mar
te mire.

¿Quién sabe más de montaña?

-Yo que nací mirando una.

En las mañanas le ríen al sol cual rasguño de luz,

como cosquilleo de animal despisto bajo la piel.

Sorpresa de las tardes,

en la distancia auras y más auras

bailan la danza de la lluvia anticipada.

Y en las noches

murmullo...

Noche de ojos del bosque, todo canta, suena, vibra

y son los oídos

luciérnagas entre las palmas.

Estas montañas mías tienen un anhelo

y es que nunca vieron conchas,

Entonces voy en un respiro al mar

y les traigo algunas.

Hablando de las hormigas

Tras la miel,

olfateando la dulzura del aire.

Confundiéndonos en el universo de la
grandeza.

Tantos metros a las nubes

kilómetros al sol.

Demasiados días para verte

tantas sillas y camas

autos y lápices.

Tan solo las tumbas ajustan

la distancia de caderas.

Es cuestión de escalas,

hacer y deshacer el corazón

hasta que sepa dulce.

Hablar con todos

hablar en los teatros,

bajo la lluvia,

hablar con hambre.

Hablar para Oliverio Girondo.

Decir "Te amo" en todos los sonidos del bosque

y besarnos por instinto,

con un hormigueo en el estómago

y con los labios traspolados

de versos antiguos y amapolas.

Ahora nadie nos sacará del bosque

dormiremos como árboles

con la sombra dentro y el viento amaestrado,

ya no somos millones de latidos

que se pueden aplastar o soplar como hormigas.

Un poema sin modestias

Después de leer a Nara Mansur.

Me deleitan mis reflejos,

rápidos, impecablemente inteligentes.

Me encanta mi capacidad de observación,

ese mecanismo de vampiro

que se activa en cualquier parte:

Cuando voy por la calle

y descubro a la mujer de cuarenta

que se esconde tras una columna

y le hace señas al chico de la otra acera.

- Nos vemos a las cinco.

Y yo a las cinco me imagino como él

sube las escaleras hasta la casa de la mujer de cuarenta,

todos saben que es una puta,

y se queda quieto disfrutando

cada gota de sudor y amor agazapado.

Las mariposas blancas, nocturnas

que creía extintas desde mi niñez.

Los besos promiscuos entre sombras y lunas.

Me encanta que me digas bella en ese idioma
extranjero

y que mi cuerpo te responda en la distancia

como un velero al viento,

como lo hacen las moscas al hedor,

las hormigas a la piña, simple.

Que deje sentado en el banco del parque el
raciocinio

que vaya tras tu voz.

Me encantan mis dientes, mis lunares y los
poemas,

las mujeres que fui y los hombres que se
fueron.

Adoro la destreza de la mente

y las trampas…

los alaridos sin razón,

descubrir que apenas estoy comenzando.

Microsoft Word

Existen versos míos que esperan por ti

se resisten al papel

una pereza de antaño los sitió

en la puerta del nuevo siglo.

Existen versos míos que esperan por Microsoft
Word

ansían el cosquilleo del teclado

las luces de una pantalla estéril de metáforas.

No sé por qué terquedad absurda

mi poesía contagiada por todos,

tuvo alianza con tanto icono peón.

Juro que no es mi culpa,

y contra el lápiz fuerzo un millón de letras

escurridiza me regala incoherencias.

A veces la soborno

con mariposas o auroras boreales,

o besos de novios.

Nulo el hacer.

Es esta poesía que corre voraz tras tu estirpe
informática.

Como vivir en las nubes

Te hablo de la estrella

no las de la noche,

no las de tus manos.

Te hablo del hierro, de los engranajes,

de las vueltas que te cortan la sangre

en cada giro.

Te hablo de la estrella del parque de
diversiones

esa que quisieras romper cuando estamos en lo
alto

para sentirnos atrapados

y gastar el miedo haciendo el amor,

gritándole a la ciudad que somos libres

en los brazos de una caída.

Que pondremos una cama, una mesa

y plantaremos un jardín.

No los iremos a visitar

-lógicamente no es tan fácil bajarse

de una estrella-.

Que no tendremos sed

porque beberemos la lluvia,

y no habrá hambre

porque nos comeremos besos.

Te hablo desde una estrella

y tú me miras cuando te digo.

A Dulce María Loynaz, sin cansancios

He pasado la mitad del día
recortando figurillas de papel
con un hambre atroz de mutilarlo todo
o perfilar, quizás.
Las voy soplando entre las piedras y
conchas de mi cuarto,
tal parece un aleteo de mariposas
en esta ansia absurda de llenar
el tiempo que se olvidó de *la prisa*.
La otra mitad del día
me afloran surcos en la frente
coladas por las letras de tanto leer
la historia de un *jardín* y una *dama*.
Una "monótona" historia según la autora
pero a mí estos lirismos del siglo XIX
me arponean dulcemente la piel.

Leo, el *jardín* que ya es desidia.

Escucho la voz de D.M.L

y está vivo el mar, el verde, la mujer

esa Bárbara que no veo ni en las más

lejanas de mis células.

Esa Bárbara que en este segundo

me acomoda entre sus piernas.

Malva

Malva, títere de mi cuerpo.

Líneas discontinuas de flores y libélulas.

Malva se negó a las rodillas

que no le alcanzan contactos

privilegio de caderas que sí la pueden tocar.

Vas acompañando la piel

en una mueca pudorosa.

Malva, tengo doce años,

hoy estoy triste no veo al chico

de los ojos verdes.

Malva mi vestido de las tardes en el portal.

Turbación

Un árbol creció entre mis piernas.

Yo iba caminado

al mar

con ganas

yo iba pintando

sin besos

alejándome

con sueños

yo iba…

y todo el cuerpo se detuvo

como un péndulo

al que le prohíben oscilar.

La compañía que más duele

¿… y es que he de contar en versos

como buen poeta todo lo que humanamente
pasa ?

Nadie sabe.

Ha desandado las colinas

para hallarme.

Nadie sabe.

Pero existe una *soledad*

cavando un hueco

bajo mi puerta.

Razones para ir a una ciudad con frío

Al poeta andaluz Fernando Valverde

Consiste en la impresión
de que hablas conmigo
lejos de asonancias, océanos
y rostros.
Yo te escucho
quieta en mi ventana,
son tus versos.
Se trata del silencio
de la poesía.

Noviembre

"Noviembre es un desorden sentimental me dices,

te digo…"

Luis García Montero

Estoy a un lado del camino

como diría Fito Páez

en esa canción que deberíamos escuchas
juntos,

alguna vez.

Y tú entre los árboles de la otra orilla

mirando que te veo,

viendo que estoy…

A veces el viento nos ayuda

y las palabras suenan música

en una nota que nos borra la lejanía.

Otras tantas,

el viento se desploma en el abismo del camino

y presientes que no digo nada

o digo mal.

¿Es posible que el espacio

nos codifique el amor?

Quiero que las uñas rasguen el camino,

que los árboles de la otra orilla

te delaten ante mis ojos,

que no existan puntos opuestos

y que noviembre sea siempre

desordenadamente amor.

El día de su muerte

A Julio Fernández Bulté *in memorian.*

Y el día de su muerte… "decía"
Pasó inmensamente rápido,
acogiendo sentimientos en la humedad
de una colina muy estudiada.
Un latir multiplicado,
corazones que le hablaban al corazón
que no estaba,
ojos y ojos que le miran,
rosas y rosas felizmente suicidadas.
Y los días de su vida "decía"
No me cuesta imaginarlos:
Días llenos y justos,
de clases y familia,
de códigos civiles y penales,
de sonrisas y patriotismos
y esta palabra gigantesca

nunca antes la había dicho,

demasiado mal utilizada.

A veces no es necesaria la cercanía

para ser cercano,

solo me bastaba ir a sus clases

y escucharlo,

aunque él nunca supiera de mí.

Pasar por la calle 23 en el Vedado

y decirles a mis amigos

-Miren ahí vive el profesor Bulté.

Aunque no fuese necesario tocar su puerta.

Íntimamente tenía un talento de mago

para exacerbar el vínculo.

Y una sencillez lejana de calificativos

lo dejó para todos en la Plaza Cadenas

que tanto nos conoce.

Y ya no me quejaré más de los excesivos cambios

en el jardín del parque,

ni le diré al jardinero que prefería

las flores del mes pasado

o la palmera india que sembró en mayo.

Ahora la Plaza tiene más que un tanque,

una lechuza de metal, un césped,

una historia.

Tiene un hombre y

es una sensación rara

cuando pienso en las hormigas

porque ya,

hasta las hormigas del parque lo conocen…

Y esta poesía mi modo de llanto,

amor y respeto,

por los hombres que pasan

y nos van dejando huellas de caracol

entre los hombres que aun respiran.

Libertad o la isla en el andén

Te miro desde adentro,

mis ojos tocan límites en el horizonte.

Y no es capricho de geografías, o si lo es,

cuando los pasos van al norte y el mar les dice:

-No eres pez.

Vuelvo al camino buscando olores del sur.

Y otra vez el mar frente a mí:

-Yo también soy agua y no eres Cristo.

Te buscaba en las noches creía que acomodabas

tus labios en el viento.

Tal vez llegaste a mi alguna vez

en las palabras de amigos o amores que profesan otros mundos.

Tuve años que amaba caracoles

pensando que eras poesía de otros siglos.

El mejor intento, una mañana erre mi garganta

buscando volcanes inertes

esta vez casi perezco los ríos subterráneas

me colapsaron en el océano.

Comenzaré por conceptualizarte,

preguntar si vuelas,

si te desterraron al espacio,

si nos repelemos.

¿Qué hacer?

Soy una isla y el mar descubre

hasta mis voces más lejanas.

E-mail

De lunes a lunes
preparo itinerarios que leviten tu ausencia
bebo un cocktail de letras
van atinando la sangre, la apaciguan.
Mi oficio, inventar tu espacio,
las calles, tus amigos, la confianza.
Lucho contra tus dragones
y los míos,
la defensa son estrellas tatuadas
en mis manos.
Descanso en el mimbre
que respira contándome historias
¿Cómo escribir lirismos
con la modernidad hasta el cuello?
De tarde a tarde te quiero.

Nota: Lanza este poema en el lugar de Madrid que más te guste. Yo prefería que fuera un puente.

Del polvo a la flor, de la flor al vuelo

Llega la niña arrastrando una cadena

En esta paz nombrada, tarde.

Es mi señal...

Ínfimo latido que pretende el poeta.

Ella tiene ojos negros,

la entraña como semilla

de framboyán, no más la flor.

Larga es la cadena

que el polvo hostiga demandando

a gritos las manos de otros niños.

No, esta vez se equivocan

la niña sabe volar.

Sin fechas

Compilo algunos años.

No expresan arrugas,

repletos de versos.

Deciden correr, apostarle al poeta,

es el poeta.

Pedirle a gritos a la ciudad

que revele el nuevo siglo.

¿Donamos la alternativa

o son los subjetivos prescriptibles?

Marcar con cruces los parpados,

y besar los labios del poeta.

Volver siempre bajo las estrellas

aunque tenga que barrerles la tierra.

Jugarte el placer en cada paso

y destilar todo lo negro de la piel.

13 de febrero

Para Tania y Mónica

Mis amigas divierten sus manos

en estrellas y palomas de papel.

Irán volando a otros labios mañana.

Sonrisas de vísperas

asfixian el cuarto

¿Será que los pies arden,

una tienda de regalos te demande lágrimas,

el amor consienta fechas?

Las ayudo con los versos,

salen fácil,

no es mi corazón el comprometido.

Dormiré con paz y ausencia.

Mañana es 14 ¿De qué mes?

Tal vez ordene mis libros.

El péndulo

Llevo cuatro días
intentando escribir una metáfora con la palabra
Péndulo.
Me resulta imposible,
no consigo detenerlo.

Ejercicio de equilibrio

Sitúa una hoja de papel vertical,
preferentemente frente al espejo, sería el sol.
Ahora reduce tu estatura al tamaño de una
hormiga. Estas al pie de todo lo que eres, de lo
que somos y de lo que decimos. Es tu turno,
debes subir por el papel si eres amiga de alguna
mariposa te puede prestar las alas, (los amigos
siempre prestan las alas) incluso así es difícil es
ascenso. Esta cuartilla está escrita, hay manchas
de tinta, de lágrimas. Huele a martes de
invierno. -Ya casi llego. Te llamas Mario, soy
Malva. Semillas de árboles, he perdido mis
llaves y estas líneas discontinuas me nublan la
vista. Ves el sol, o sea, el espejo. ¿Estás arriba?
¿Te has parado en el filo de la hoja? Debes de
tener cuidado es peligroso estar sobre en hilo
en lo alto. ¿Ya puedes ver el dorso? Ya es hora
de bajar antes que el sol se apague, antes que el
espejo te traicione o voltees a mirarte un
granito en la mejilla. Entonces un descuido y…
te precipitas hasta el mar, la muerte quizás.
Caminas vertical por tu vida, sublima y escala
cada latir.

Nacimiento de la luna

Estoy

pariendo la luna,

al revés,

rostro menguante,

péndulo desquiciado.

A instantes la voy perdiendo.

Los pies abiertos,

las alas negociando con la poesía

palabras que consientan cicatrizar mi piel.

La ventana,

el aire sopla los dedos,

coquetea con respuestas,

me obsequia la esquina de una noche.

El cielo la distrae con promesas omniscientes,

hipocresía de estrellas aseveran su maternidad.

Feliz año nuevo

Mis amigos vuelven con el nuevo año.

Odio a mis amigos en enero.

¿Qué artimañas evoca diciembre

para mover sensibilidades?

Mirar al dorso de la hoja,

compartir una cuartilla más de logros.

Mañanas despertadas,

amores en general.

Aprender otros idiomas.

Tener una isla como único sentido de
pertenencia.

Acumular preguntas

y significar utopías con respuestas.

Es diciembre

una efervescencia insípida

de la que me da la gana de blasfemar.

Cuando el trébol duerme

Cuando el trébol duerme
existen libélulas que protegen mi halo.
La luz me descubre reflejos
entre los charcos de las calles
y es la Habana sosegada por la noche
el fantasma que toma mis manos.
Ando,
porque el recuerdo engorda el alma,
porque no tengo más vestido que el de isla,
porque no existen otro amante
que los diente-perro en esta costa
que me sabe agridulce.
Aquella gaita en la Plaza de Armas
aquel gaitero que me miraba.
Cuando el trébol duerme
pienso en los problemas,
descuelgo inquietudes,

le hago el amor a la poesía

y la guerra a España.

Soy tuétano de tus entre piernas

y desidia de las madrugadas.

Extraño que me digas Julieta

pero no quiero que nadie más lo haga.

Cuando el trébol duerma

le despertaré a gritos

aunque me destierre los deseos,

soplaré un fiambre de insomnio entre sus hojas.

Yo no puedo con esta soledad sin mariposas

con tantas calles

y tanta gente que no dice nada.

Con tantas historias desencontradas.

Cuando el trébol duerma

que me lleve consigo,

sería interesante despertar tatuada

en mi antebrazo izquierdo.

La muñeca Margaret

Pequeños pasos, trajeron versos.
Huérfana yo en la carretera,
tarde fría más cuarenta rezos
en un pueblo cualquiera.

Venir la vi, como volaba.
Madre en mano, una sonrisa
La muñeca y una niña que le hablaba
Un ojal en su media tiene prisa.

Su voz me despejó la nube
Que tragaba el cielo de un bocado
Cuelgan bonitos sus labios en uve.
Esencia e inocencia se provocan.

Suspiro y regaño inanimado:
-Cállate Margaret que me tiene loca.

Secuestro

Esta tarde

después de haber creído estéril

hasta mis células madres

y destilar angustias de medio siglo.

Decidí andar al volcán del sur:

El volcán insomne, quien alimentó dragones,

escupió diamantes.

Darle a mi vida todas las quemaduras

que le faltan, de una sola vez.

Pero al andar los pasos se detuvieron

una selva de hiedras treparon por mis piernas.

Meandros en la cintura

cual simulación de costillas sobre la piel.

En un tono verde oscuro

fui convertida en solo cinco segundos.

Los pies encallados como troncos

inmóvil, detenida a medio camino

con los ojos y la voz exaltada

a la vez que un cansancio de orgasmos

me callaba el grito y la mirada.

¿Qué sucede?

Yo voy a la roca.

No hay concordancia a esta locura de jardín.

ÍNDICE

Para conocer más sobre la autora,
comunicarse con:

Patricia Serra
patry_isla@yahoo.es

www.ingramcontent.com/pod-product-compliance
Lightning Source LLC
Chambersburg PA
CBHW071905020426
42331CB00010B/2672